# Schön das Du da bist!

**Hey du!**

Bist du bereit für ein spannendes Abenteuer voller Mut, Freundschaft und Entdeckungen? Begleite Eddie, einen normalen Jungen, der plötzlich ein geheimnisvolles Armband findet. Dieses Armband gibt ihm unglaubliche Kräfte. Aber mit diesen Kräften kommt auch viel Verantwortung. Eddie muss verstehen, wie er das Richtige tut, selbst wenn es schwierig ist.

In diesem Buch findest du aufregende Abenteuer und komplizierte Herausforderungen. Du siehst, dass jeder Junge Superkräfte hat. Mut gehört dazu, die Stärke anderen zu helfen und ein Herz, das nie aufgibt. Komm mit auf Eddies Reise und lass dich inspirieren. Vielleicht findest du heraus, dass auch du die Welt verändern kannst.

**Viel Spaß beim Lesen und träume groß!**

# Inhaltsverzeichnis

W0405645

"Was wäre, wenn du die Welt verändern könntest?"

# Kapitel 1:
Der Traum eines Helden

"Träume sind der Stoff,
aus dem die Zukunft
gemacht ist."

Eddie war ein normaler Junge und lebte in einer kleinen Stadt. Er ging zur Schule. Im Herzen hatte er einen großen Traum. Er wollte Superheld sein. Jeden Abend las er Comics über Superhelden. Er stellte sich vor, unglaubliche Kräfte zu haben und die Welt zu retten.

In Eddie's Zimmer hingen viele Poster und standen Figuren von Lieblingshelden. Diese brachten ihm ein Lächeln. Er wusste alles über sie – ihre Kräfte, Schwächen und Abenteuer. Doch tief im Herzen wünschte er sich, ein Held zu sein. Bald wurde sein Traum wahr. Eddie wusste es nicht.

Eddie träumte oft in seinem Zimmer. Er zeichnete sich in Superhelden-Kostümen und dachte sich spannende Geschichten aus. Bevor er einschlief, stellte er sich vor, Verbrecher zu bekämpfen und die Welt zu retten. Irgendwann würde er seine Träume leben.

Eddie hatte zwei Freunde: Tom und Lisa. Tom war klug. Er machte Dinge auseinander und wieder zusammen. Lisa war sportlich und mutig, immer bereit für Abenteuer. Zusammen waren sie stark und unschlagbar.

Die drei Freunde trafen sich oft nach der Schule im Park. Sie planten Abenteuer. Eines Tages wollten sie ein geheimes Versteck bauen. Dort würden sie Missionen vorbereiten. Tom war mit Technik gut, Lisa war schnell und sportlich, Eddie hatte viele Ideen. Sie begannen, ihr Versteck zu gestalten.

Sie diskutierten Pläne und sammelten Ideen. Eddie zeichnete Karten und entwarf Kostüme. Tom und Lisa sammelten Materialien. Zusammen waren sie unaufhaltsam. Ihr Versteck war eine alte Hütte im Park. Mit Kreativität verwandelten sie die Hütte. Tom baute Überwachungskameras, Lisa brachte Sportgeräte. Eddie schmückte das Versteck mit Postern.

Eines Nachmittags hörten sie ein Geräusch draußen. Sie sahen ältere Kinder, die das Versteck finden wollten. Schnell planten sie, ihr Hauptquartier zu verteidigen.

Mit Herzklopfen warteten sie. Sie freuten sich auf die Herausforderung. Kein Angst, nur Aufregung. Mit Toms technischen Tricks, Lisas Schnelligkeit und Eddie's Ideen gelang der Plan. Tom platzierte ein Gerät mit Lichtern und Geräuschen. Lisa lenkte die Kinder ab. Eddie behielt alles im Blick. Die Kinder verließen verwirrt das Versteck.

Nach dem Abenteuer setzten sich die Freunde zusammen. Sie lachten und planten, das Versteck sicherer zu machen.

Ihre Zusammenarbeit war stark. Jede Herausforderung schafften sie zusammen.

Später beschlossen sie, mehr über Helden zu lernen. Sie lasen Bücher und schauten Filme. Eddie meinte, Mut und Freundschaft waren am wichtigsten.

„Eines Tages“, sagte Eddie, „werden wir echte Helden sein.“ Tom und Lisa nickten. Mit Eddie's Glauben und Freundschaft würden sie alles erreichen.

Sie bereiteten sich auf das größte Abenteuer vor. Das Schicksal hatte eigene Pläne. In den nächsten Wochen trainierten sie gut, planten sorgfältig und träumten groß.

## Kapitel 2:
Die Entdeckung des Quantum-Armbands

“Die größte Entdeckung beginnt mit dem Glauben an dich selbst.”

An einem sonnigen Tag ging Eddie von der Schule nach Hause. Er nahm eine Abkürzung durch ein altes Industriegebiet. Viele Male hatte er diesen Ort gesehen, aber heute bemerkte er etwas Neues: eine halb offene Tür zu einem alten Lagerhaus. Neugierig betrat er es.

Das Lagerhaus war sehr dunkel. Nur ein paar Sonnenstrahlen kamen durch die Wände und warfen gruselige Schatten auf den Boden. Eddie fühlte sich wie ein Abenteurer, der eine vergessene Welt entdeckt. In den Ecken fand er alte Werkzeuge und Maschinen aus vergangenen Zeiten.

Als er weiterging, hörte er ein leises Summen. Es kam aus einer dunklen Ecke. Dort lag ein silbernes Armband unter verstaubten Papieren. Es erinnerte ihn an ein Gerät aus einem Science-Fiction-Film. Er zog es heraus.

Eddie legte das Armband an und es begann zu leuchten. Er fühlte eine komische Energie durch seinen Körper fließen. Das Armband fühlte sich lebendig an, als würde es mit ihm sprechen. Eddie war neugierig und ein bisschen ängstlich. Was hatte er gefunden?

Er setzte sich auf eine alte Kiste und schaute sich das Armband genauer an. Es bestand aus unbekanntem Material und hatte leuchtende Symbole. Eddie fragte sich, wer es gebaut hatte und warum es hier lag.

Auf einmal hörte Eddie ein Geräusch von draußen. Die Schatten im Lagerhaus bewegten sich. War er nicht allein? Sein Herz klopfte schneller. Aber seine Neugier war stärker als die Angst. Das Armband war sicher besonders. Sehr besonders.

Mit dem leuchtenden Armband ging Eddie nach Hause. Unterwegs sah er, dass das Armband ihm Informationen über ein Gebäude erzählte. Es war fast, als würde es Geschichten erzählen.

Zu Hause verbrachte Eddie den ganzen Tag damit, das Armband zu untersuchen. Er fand heraus, dass es auf seine Gedanken reagierte. Es hatte viele Funktionen. Er konnte Sachen heben und sogar unsichtbar werden! Eddie war begeistert, aber er musste vorsichtig sein.

In seinem Zimmer probierte Eddie die Funktionen aus. Er aktivierte und deaktivierte das Armband durch einfaches Denken. Die Symbole auf dem Armband schienen lebendig zu sein, sie wechselten die Farben.

Am nächsten Tag im Park erzählte Eddie seinen Freunden Tom und Lisa von dem Armband. „Ihr glaubt nicht, was ich gefunden habe!“ rief er. „Ein Armband mit Superkräften!“ Tom und Lisa waren skeptisch, aber als Eddie die neuen Kräfte zeigte, waren sie erstaunt.

„Das ist unglaublich!“ sagte Tom und untersuchte das Armband. „Wir müssen herausfinden, woher es kommt.“ Eddie zeigte, wie er einen schweren Ast hob. Lisa war beeindruckt und Tom überlegte, wie es funktionierte. Sie wollten die Geheimnisse erforschen.

Die drei Freunde verbrachten Stunden im Internet und in der Bibliothek. Sie fanden heraus, dass das Armband ein geheimer Prototyp war. Es war aus einem Labor, das an futuristischer Technologie arbeitete.

Eddie und seine Freunde wussten, dass sie vorsichtig sein mussten. Sie wollten das Armband nur in Notfällen nutzen. Sie wussten nicht, dass seine Besitzer das verlorene Armband suchten...

Bei Einbruch der Dunkelheit in der Bibliothek sah Eddie einen Mann in einem dunklen Mantel. Er beobachtete sie. Eddie warnte die Freunde. Schnell schlichen sie hinaus. Sie wussten, ihre Entdeckung war gefährlich. Sehr gefährlich. Wachsamkeit war wichtig.

## **Kapitel 3:**
## Erste Heldentaten

“Ein Held ist nicht der, der keine Angst hat, sondern der, der sich traut, sie zu überwinden.”

Mit dem Quantum-Armband am Handgelenk bemerkte Eddie nach und nach die wunderbaren Kräfte, die er dadurch bekam. Er war erstaunt, dass er sehr schnell rennen konnte. Eines Tages sah er eine alte Frau, die Mühe hatte, eine vielbefahrene Straße zu überqueren. Eddie nutzte seine Geschwindigkeit und half ihr im Nu, die Straße zu überqueren, obwohl er dabei fast gestolpert wäre. Das war erst der Anfang. Kurz darauf reparierte er den kaputten Computer seines Freundes und fand ein entlaufenes Haustier, indem er ein holografisches Bild erstellte. Eddie war begeistert. Endlich hatte er die Chance, ein echter Held zu sein.

Eddie spürte aber auch die Verantwortung, die mit seinen neuen Kräften kam. Er wusste, dass er seine Macht nicht achtlos einsetzen durfte.

Er musste lernen, sie zu kontrollieren. Deshalb trainierte er stundenlang, um seine Fähigkeiten zu verbessern. Eddie's Freunde, Tom und Lisa, standen ihm immer zur Seite. Sie halfen ihm, seine Kräfte zu testen und neue Wege zu finden, sie zu nutzen. Zusammen planten sie ihre Aktionen. So wollten sie sicher sein, dass niemand verletzt wurde und alles gut ging.

Später hörten sie von einem Kind, das sich in einer verlassenen Fabrik verirrt hatte. Eddie erkannte, dass dies der perfekte Moment war, seine neuen Fähigkeiten zu nutzen.

Er eilte zur Fabrik und fand das Kind mit dem Quantum-Armband. Nach der Rettung waren sich Eddie und seine Freunde sicher: Sie wollten anderen Menschen helfen.

Sie gründeten ein geheimes Heldenteam. Ihre Einsätze planten sie genau, um immer bereit zu sein, wenn jemand Hilfe brauchte.

Mit der Zeit konnte Eddie seine Kräfte immer besser kontrollieren. Er rannte schnell von einem Ort zum anderen und löste technische Probleme. Unsichtbar bewegte er sich, um Gefahren zu vermeiden. Kurz vor Sonnenuntergang hörten sie von einem Banküberfall in der Stadt. Die Polizei war schon dort, aber die Räuber hatten Geiseln. Eddie wusste, dass das schwierig werden würde, aber er wollte helfen. „Das ist unsere Chance", sagte Eddie bestimmt. „Wir retten die Geiseln und stoppen die Räuber." Tom und Lisa stimmten zu.

Sie machten sich sofort auf den Weg zur Bank. Sie mussten zusammenarbeiten, um Erfolg zu haben.

Vor der Bank sahen sie die ernste Lage. Die Polizei hatte das Gebäude umstellt, aber die Räuber drohten, die Geiseln zu verletzen. Eddie wusste, dass er unsichtbar sein musste, um hineinzukommen. Er wurde unsichtbar mit dem Quantum-Armband und schlich sich ins Gebäude. Drinnen bewegte er sich leise, bis er die Geiseln fand. Er flüsterte ihnen zu, dass er sie in Sicherheit bringen würde. Schnell führte er sie hinaus.

Die Geiseln waren endlich in Sicherheit. Die Polizei nahm die Räuber fest. Eddie, Tom und Lisa waren zufrieden und müde, als sie nach Hause gingen. Sie wussten, dass sie als Team stark waren und noch viele heldenhafte Taten vollbringen würden. Erschöpft, aber glücklich, saßen sie in ihrem geheimen Versteck. „Wir haben es geschafft", sagte Eddie lächelnd. Tom und Lisa nickten. „Das war unglaublich", sagte Lisa. „Aber wir müssen besser werden. Viele Menschen brauchen unsere Hilfe." „Ja, das stimmt", sagte Tom. „Wir müssen bereit sein. Die Stadt braucht uns." So beschlossen sie, weiter als geheimes Heldenteam zu agieren und ihre Kräfte für alle einzusetzen. Sie wussten, dass sie zusammen sehr stark waren.

# **Kapitel 4:**
Die Bedrohung taucht auf

“Die Kraft, alles zu verändern, liegt bereits in dir – entdecke sie.”

Eddie probierte seine Kräfte aus und merkte nicht, dass ihn jemand beobachtete. Eine geheime Gruppe hatte das Quantum-Armband erfunden und suchte nach ihrem verschwundenen Prototyp. Sie fanden heraus, dass es benutzt wurde, und wollten es unbedingt zurück.

Ein Abend, als Eddie nach Hause kam, bemerkte er dunkle Schatten, die ihm folgten. Er fühlte sich unwohl und änderte seine Route. Er nahm schmale Gassen, die durch die Stadt führten. Die Schatten blieben ihm dicht auf den Fersen.

Er erinnerte sich an das Training mit Tom und Lisa, grinste und sagte leise zu sich selbst: „Jetzt wird's spannend!" Eddie rannte mit unglaublicher Geschwindigkeit los, um die Verfolger abzuschütteln. Er sprang und huschte durch die Gassen, bis die Schatten verschwanden. Er wusste, dass er jetzt sehr wachsam sein musste.

Als er sein Haus erreichte, fühlte er sich erstmal sicherer. Doch die Unruhe blieb. Er erzählte Tom und Lisa von den Schatten. Zusammen beschlossen sie, vorsichtiger zu sein und ihre Umgebung zu beobachten. In ihrem Versteck sorgten sie für mehr Sicherheit.

Eines warmen Tages, während sie in der Schule waren, sah Eddie einen Mann in einem schwarzen Auto, der ihn ansah. Der Mann trug einen dunklen Anzug und eine Sonnenbrille. Das machte ihn sehr verdächtig. Eddie verstand, dass die Organisation hinter ihm her war.

In der Schule hatte Eddie große Mühe, sich zu konzentrieren. Er konnte den Gedanken nicht loswerden, dass die Gruppe immer näher kam. Er sprach mit Tom und Lisa darüber, und sie entschieden, keine dummen Risiken einzugehen.

Eddie wollte mehr über die Organisation wissen. Zusammen mit Tom und Lisa begann er zu forschen. Sie entdeckten, dass die Gruppe viel tun würde, um das Armband wiederzubekommen. Eddie fühlte, dass er seine Freunde und Familie schützen musste. Also planten sie, die Gruppe zu infiltrieren und mehr über ihre Pläne zu erfahren.

Sie bereiteten diese Mission sehr sorgfältig vor. Tom baute technische Geräte, Lisa trainierte weiter an ihren Fähigkeiten, und Eddie nutzte jede freie Minute, um stärker zu werden und sich mental vorzubereiten. In der folgenden Woche planten sie detailierter. Eddie untersuchte die besten Wege ins Gebäude, während Tom an der Technologie arbeitete und Lisa noch kräftiger wurde.

Schließlich kam der Zeitpunkt der Infiltration. Eddie und seine Freunde waren wirklich bereit. In der Dunkelheit der Nacht wagten sie sich zur Forschungseinrichtung und nutzten Eddies Unsichtbarkeit, um ungesehen einzudringen. Es war sehr spannend, aber sie mussten es tun.

Leise bewegten sie sich durch die stark bewachte Anlage und vermieden klug die Kameras und Wachen. Es fühlte sich wie ein aufregendes Spionageabenteuer. Sie erreichten schließlich das geheime Labor.

Drinnen suchten sie behutsam nach Dokumenten. Sie fanden Pläne über das Quantum-Armband. Es war Teil eines riesigen Plans zur Beherrschung moderner Technologie. Dann hörten sie plötzlich Schritte. Jemand kam näher! Eddie wurde schnell unsichtbar und deutete Tom und Lisa, sich zu verstecken. Ein Wächter trat ein. Nach einigen angespannten Minuten ging er wieder.

Die Freunde sammelten schnell Informationen und brachen auf. Jeder Moment war kostbar. Sie flohen gerade noch, bevor der Alarm losging. Zurück im Versteck entwickelten sie sofort eine Strategie, um die bösen Pläne der Organisation zu stoppen.

Die gesammelten Daten waren wirklich wertvoll. Sie wussten, dass sie einen Weg finden mussten, um die Öffentlichkeit zu informieren. Ihre Mission war noch lange nicht vorbei.

## **Kapitel 5:**
## Geheimnisse des Armbands

Gemeinsam können
wir das Unmögliche
möglich schaffen.

Nach ihrer erfolgreichen Infiltration der Forschungseinrichtung analysierten Eddie, Tom und Lisa die Informationen. Sie entdeckten, dass das Quantum-Armband ursprünglich für Soldaten entwickelt wurde, um ihnen Superkräfte zu geben. Die Technologie galt jedoch als sehr gefährlich.

Die Freunde erfuhren, dass die Organisation mehrere Armbänder herstellen wollte und plante, sie an wichtige Personen in der Regierung und Wirtschaft zu geben. Diese sollten heimlich die Welt kontrollieren. Eddie und seine Freunde wussten, dass sie schnell handeln mussten, um den Plan zu stoppen.

Sie fanden heraus, dass das Quantum-Armband von einer Energiematrix betrieben wird, die auf einem seltenen Kristall basiert. Der Kristall war nicht nur die Quelle der Kräfte, sondern könnte auch zerstört werden.

Die Suche nach dem Kristall führte sie zu einem alten Bergwerk außerhalb der Stadt. Sie packten alles Nötige für die Reise ein. Eddie überprüfte das Quantum-Armband, während Tom und Lisa die Karten ansahen.

Bei Sonnenaufgang machten sie sich auf den Weg und kamen am Nachmittag am verlassenen Bergwerk an. Eine unheimliche Stille lag über dem Ort. Die Freunde wollten den Kristall finden und die Organisation stoppen.

Im Inneren des Bergwerks sahen sie Spuren alter Arbeiten und verrostete Werkzeuge. Es war dunkel und kühl. Sie folgten einem Tunnel, der in den Berg führte.

Nach Stunden fanden sie eine besondere Kammer. In der Mitte stand ein großer, schwach leuchtender Kristall. Eddie fühlte die Energie wie bei seinem Quantum-Armband. "Das muss er sein", flüsterte er.

Plötzlich hörten sie Stimmen und Schritte. Agenten der Organisation waren ihnen gefolgt! Eddie, Tom und Lisa mussten schnell reagieren. Eddie erzeugte eine Ablenkung, während Tom und Lisa den Kristall sicherten.

Die Ablenkung täuschte die Agenten, und die Freunde fliehen mit dem Kristall.

Sie rannten durch das Bergwerk, das Herz klopfend. Sie erreichten den Ausgang und entkamen den Agenten.

Zurück im Versteck, untersuchten sie den Kristall. Er zeigte unvorstellbare Möglichkeiten. Aber sie wussten, dass die Organisation alles tun würde, um ihn abzuholen. „Wir müssen den Kristall zerstören“, sagte Eddie. „Er ist zu gefährlich.“ Tom und Lisa stimmten zu. Sie planten, ihn an einem sicheren Ort zu zerstören. Doch die Organisation war ihnen weiter auf der Spur.

Plötzlich hörten sie ein lautes Geräusch. Die Agenten hatten ihr Versteck gefunden! Eddie, Tom und Lisa handelten schnell. Eddie benutzte seine Kräfte, um die Agenten aufzuhalten. Tom und Lisa kümmerten sich um den Kristall.

## Kapitel 6:
Neue Freunde und Verbündete

Allein kannst du
beginnen, aber
gemeinsam
kannst du siegen.

Eddie, Tom und Lisa erkannten die Gefahr der Organisation. Sie wussten, dass sie Hilfe brauchten. Sie suchten dann andere Jugendliche mit besonderen Fähigkeiten. Ihre Recherchen zeigten, dass es noch mehr junge Leute mit außergewöhnlichen Talenten gab.

Alex wurde ihr erster neuer Freund. Alex war ein Junge, der elektromagnetische Felder kontrollieren konnte. Sie trafen ihn in einem verlassenen Lagerhaus. Dort erzählten sie ihm von ihren Plänen. Alex war sofort interessiert und wollte Teil des Teams werden. Schon lange wartete er darauf, seine Fähigkeiten für Gutes zu nutzen.

Alex verbesserte ihre Ausrüstung und ihre Arbeit. Mit Alex waren sie besser vorbereitet. Seine Hilfe machte sie stärker. Er baute neue Sicherheitssysteme für ihr Versteck. Trotzdem wussten sie, dass sie mehr Unterstützung brauchten. Sie suchten weiter nach anderen Jugendlichen mit besonderen Fähigkeiten.

Einige Tage später trafen sie Emma. Emma hatte starke telekinetische Kräfte. Sie konnte Dinge allein mit Gedanken bewegen. Sie wurde schnell wichtig für das Team. Anfangs war Emma skeptisch, aber die Entschlossenheit von Eddie und seinen Freunden überzeugte sie. Emma entschied sich, dem Team zu helfen.

Emma brachte viel Neues ins Team. Durch ihre Fähigkeiten konnten sie anders handeln. Zusammen entwickelten sie Ideen, um stärker zu werden. Emma trainierte auch ihre mentale Stärke.

Während ihrer Suche hörten sie von Leo. Leo war unglaublich stark. Sie besuchten ihn in seiner Stadt und erzählten ihm von ihrem Kampf. Leo war beeindruckt und wollte mitmachen. Seine Stärke war sehr wichtig für die Gruppe.

Leo lehrte sie viele neue Tricks und half beim Training. Die Gruppe wurde stärker und selbstbewusster. Sie glaubten jetzt, dass sie alles zusammen schaffen konnten. Sie bereiteten sich auf den nächsten Kampf vor.

Leo hatte auch sehr gute taktische Kenntnisse. Er wusste, wie man strategisch denkt. Er half ihnen, Pläne zu verbessern. Mit Leo fühlten sie sich unaufhaltsam.

Mit den neuen Freunden entwickelte sich das Team weiter. Auch die Freundschaft wurde stärker. Sie wussten, dass sie zusammenarbeiten mussten, um erfolgreich zu sein. Jeder hatte eine spezielle Rolle. Gemeinsam waren sie unschlagbar.

Alle trainierten härter als je zuvor. Alex verbesserte die Kommunikationsgeräte. Emma nutzte ihre Kräfte, um Hindernisse zu überwinden. Leo hielt alle fit. Eddie und Tom arbeiteten an der Strategie.

Das Team fühlte sich bereit für die Herausforderungen. Die Organisation war stark, aber sie hatten keine Angst. Sie waren entschlossen, für das Gute zu kämpfen.

Kurz vor Sonnenuntergang bekamen sie eine dringende Nachricht. Die Organisation plante in einer Woche eine große Operation. Das Team wusste, sie mussten das verhindern.

Sie schworen, alles zu tun, um die Organisation zu stoppen. Ein neues Kapitel begann. Sie bereiteten sich auf die Mission vor. Ihre Kräfte und ihr Wissen wollten sie nutzen, um die Welt zu schützen. Die Nachricht weckte das Team auf. Die nächsten Tage wären sehr wichtig. Mit Mut und Entschlossenheit begannen sie die Arbeit. Präzise bereiteten sie sich vor.

## **Kapitel 7:**
Der erste große Kampf

“Ein starker Wille kann selbst die größten Hindernisse überwinden.”

Der Tag der großen Aktion war da. Eddie und seine Freunde waren bereit, gegen die Organisation anzutreten. Sie trainierten ihre Kräfte und Fähigkeiten in den letzten Wochen sehr intensiv. Alles war bis ins kleinste Detail geplant. Dies war wirklich ihre größte Herausforderung.

Sie gingen auf das Hauptquartier der Organisation zu, das in einem verlassenen Industriegebiet lag. Das Gebäude war stark bewacht. Doch das Team war vorbereitet. Eddie wurde unsichtbar und schlich leise an den Sicherheitssystemen vorbei. Alex brachte die elektronischen Geräte der Wächter zum Flackern. Emma ließ mit ihrer Telekinese schwere Objekte fliegen, um Verwirrung zu stiften.

Im Gebäude erwartete sie eine Gruppe gut ausgebildeter Agenten. Leo führte sie an und zeigte seine unglaubliche Stärke, um die Agenten zu besiegen. Die anderen überwältigten den restlichen Sicherheitsdienst.

Mitten im Kampf entdeckten sie das Labor. Dort wurden weitere Quantum-Armbänder hergestellt. Eddie wusste, dass sie diese Zentrale zerstören mussten. Tom nutzte seine Technikkenntnisse, um die Sicherheitsprotokolle des Labors zu umgehen.

Tom schaltete die Selbstzerstörung der Armbänder ein. Ein Countdown begann. Sie mussten schnell fliehen. „Wir müssen hier raus!“ rief Eddie und führte seine Freunde durch die Flure, während alles hinter ihnen brannte.

Sie rannten durch das brennende Gebäude. Eddie rannte voraus, um den Weg zu sichern. Rauch und Hitze erschwerten das Denken. Doch sie blieben zusammen stark. Jeder Schritt brachte sie näher an die Sicherheit.

Draußen angekommen, beobachteten sie, wie das Gebäude einstürzte. Sie waren außer Atem, aber sie hatten es geschafft. Die Armbänder waren zerstört. Die Organisation erlitt einen schweren Schlag. Doch sie wussten, der Kampf war noch nicht zu Ende.

Freude mischte sich mit der Erkenntnis, dass sie nun auf der Flucht sein würden. Die Organisation würde sie verfolgen. Doch der Sieg zählte jetzt.

0:01

In ihrem Versteck versammelt, sagte Eddie erleichtert: „Wir haben es geschafft." Doch dies war nur der Anfang. Sie mussten wachsam und bereit für den nächsten Kampf bleiben.

Leo legte Eddie eine Hand auf die Schulter. „Du hast uns angeführt. Gemeinsam sind wir stark." Emma und Alex nickten und begannen Pläne zu schmieden. Sie wollten die Organisation angreifen und nicht nur reagieren.

Tom überprüfte die gesammelten Daten. Diese Informationen würden ihnen helfen, den nächsten Schritt der Organisation vorherzusehen. Das Team war begeistert.

In den folgenden Tagen blieben sie ruhig, trainierten aber weiter. Alle wussten, dass sie stärker werden mussten. Eddie spürte die Verantwortung, aber auch das Vertrauen seiner Freunde.

Ihr Training stärkte ihre Freundschaft und ihren gemeinsamen Willen. Sie wollten für das Gute kämpfen. Der Kampf gegen die Organisation war nicht vorbei. Doch sie waren bereit.

„Lasst uns die Welt verändern“, sagte Eddie mit entschlossenem Blick. „Gemeinsam schaffen wir alles.“ Mit diesen Worten setzten sie die Arbeit fort. Der erste große Kampf war gewonnen. Doch weitere standen bevor.

# Kapitel 8:
Rückschläge und Zweifel

“Zweifel sind der Schatten, den du überwindest, wenn du an dich glaubst.”

Nach ihrem großen Erfolg gegen die Organisation kehrte das Team in ihr Versteck zurück. Trotzdem fühlten sie sich schwer. Es war klar, dass die Organisation nicht einfach aufgeben würde. Eddie spürte den Druck der Verantwortung stark auf seinen Schultern.

Die nächsten Tage waren schwierig. Pläne für die Zukunft zu schmieden war kompliziert. Die gesammelten Informationen waren sehr chaotisch und unvollständig. Niemand wusste, wo die Organisation als nächstes zuschlagen sollte. Das beunruhigte sie wirklich. Eddie zweifelte an sich selbst. Er fragte sich, ob er der richtige Anführer war.

Auch andere Mitglieder des Teams hatten Zweifel. Alex kämpfte mit seinen Kräften, und Emma fühlte sich oft überfordert. Leo und Lisa versuchten, alle zu motivieren, aber auch sie waren unter Druck.

Eines Abends saß Eddie allein und dachte viel nach. Dann klopfte Lisa an die Tür. „Eddie, wir müssen reden“, sagte sie freundlich. „Vergiss nicht, wir stehen hinter dir. Du bist nicht allein.“

Eddie fühlte Dankbarkeit und ein wenig Erleichterung. „Es ist schwer, die richtigen Entscheidungen zu treffen“, gestand er. Lisa beruhigte ihn. „Wir haben Angst, aber wir vertrauen dir. Zusammen sind wir stark.“

Das Gespräch mit Lisa gab Eddie neuen Mut. Er entschied sich, offen mit dem Team zu sprechen. Am nächsten Tag erzählte er seinen Freunden von seinen Sorgen. Auch die anderen fühlten sich besser, als sie ihre eigenen Zweifel teilten.

Nach diesem Gespräch fühlte sich das Team wieder geeint. Sie wollten ihre Kräfte bündeln. Eddie fühlte sich durch das Vertrauen seiner Freunde stark.

Gemeinsam erneuerten sie ihre Trainingsmethoden. Alex und Emma kombinierten ihre Fähigkeiten. Leo und Tom entwickelten neue Technik. Lisa motivierte das Team und hielt ihre Ziele klar.

Sie bereiteten sich vor, die Organisation anzugreifen. Dieses Mal wollten sie nicht nur reagieren, sondern aktiv handeln. Die Analyse zeigte, dass die Organisation ein geheimes Treffen plante. Das sahen sie als Chance.

Am Tag des Angriffs fühlten sie sich bereit. Sie hatten alle Zweifel überwunden. Eddie führte das Team mutig an. „Wir schaffen das", sagte er entschlossen.

In der verlassenen Fabrik am Stadtrand fanden sie die Anführer der Organisation. Mit Präzision gelangten sie hinein. Jeder Schritt war leise, jeder Atemzug kontrolliert.

Sie überraschten die Anführer und sicherten wichtige Dokumente. Der Erfolg gab ihnen noch mehr Vertrauen.

Zurück im Versteck analysierten sie die neuen Informationen. Der Kampf war noch nicht vorbei, aber sie waren bereit. Eddie fühlte sich stark. „Wir sind unaufhaltsam“, sagte er.

Die letzten Wochen hatten sie verändert. Aus unsicheren Jugendlichen war ein starkes Team geworden. Sie waren bereit, die Welt zu schützen. Und sie wussten, dass sie immer aufeinander zählen konnten.

# Kapitel 9:
## Training und Vorbereitung

"Deine Ausdauer heute
bestimmt deinen
Erfolg von morgen."

In den nächsten Wochen arbeiteten das Team weiter und unermüdlich. Sie wussten, dass nur ständige Verbesserungen und neue Techniken sie erlauben würden, die Organisation wirklich zu besiegen. Eddies entschlossener Einsatz und die Unterstützung seiner Freunde führten dazu, dass jede Übung ein Schritt näher an ihrem Ziel wurde.

Alex beschäftigte sich intensiv mit elektromagnetischen Feldern. Er entdeckte, dass er nicht nur Geräte beeinflussen, sondern auch elektrische Impulse exakt lenken konnte. Das eröffnete ihm neue Möglichkeiten. Emma verfeinerte ihre telekinetischen Kräfte. Sie probierte schwerere Objekte, bis sie ihre Grenzen verschob.

Leo und Lisa trainierten ihre körperlichen Fähigkeiten. Leo verband seine große Kraft mit genauen Techniken, während Lisa ihre Beweglichkeit verbesserte. Tom unterstützte sie, indem er neue Geräte entwickelte.

Während einer Übung entdeckte Eddie etwas Überraschendes: Das Quantum-Armband erzeugte kurze Energieimpulse. Diese waren stark genug, um elektronische Geräte zu stören oder zu zerstören. Diese neue Fähigkeit versprach einen großen Vorteil im Kampf gegen die Organisation.

Eddie und Tom testeten diese neue Fähigkeit des Armbands zusammen. „Das ist genial, Eddie!“, sagte Tom begeistert. „Damit stören wir ihre Systeme.“ Ermutigt arbeitete Eddie weiter daran, seine Kontrolle über die neuen Möglichkeiten zu verbessern.

Das Team wurde wirklich stärker. Sie entwickelten neue Strategien, setzten ihre Kräfte klug ein und arbeiteten besser zusammen. Jeder wusste, dass ihr Erfolg von der Einheit der Gruppe abhing. Sie motivierten sich gegenseitig.

Nach einem anstrengenden Tag der Vorbereitung besprach das Team die nächsten Schritte. „Jetzt ist unsere Gelegenheit", begann Eddie entschlossen. „Wir haben die Mittel, die Organisation zu schwächen." Die Gruppe hörte aufmerksam zu und diskutierte lebhaft.

Das Ziel war klar: das Hauptquartier der Organisation infiltrieren und deren zentrale Systeme zerstören. Ein solcher Schlag würde die Gegner sehr schwächen. Die Gefahr war groß. Doch ihr Wille, die Welt zu beschützen, war noch größer.

Der entscheidende Tag kam, die Spannung war spürbar. Sie überprüften alles ein letztes Mal – Ausrüstung, Pläne, Signale. Eddie zeigte seine neuen Fähigkeiten präzise, das Team wurde zuversichtlich. „Diesmal beenden wir es“, sagte er entschlossen.

In der Nacht vor der Mission versammelten sie sich ein letztes Mal. Kein Wort war nötig, die Konzentration war hoch. Die Entschlossenheit war spürbar, die Einheit stark. Ein Blick sagte alles: Sie waren bereit.

Noch vor Sonnenaufgang gingen sie los. Der graue Himmel hüllte das Hauptquartier ein. Leise nahmen sie ihre Positionen ein. Die Spannung war wie ein stiller Herzschlag. Es gab nur den Weg nach vorn. Die Mission begann.

## **Kapitel 10:**
## Die Mission beginnt

"Wenn der Moment kommt, zählst du auf dein Herz und deine Stärke."

Der Tag der Mission war da, und die Spannung war wie ein elektrisches Knistern in der Luft. Jeder im Team war bereit, der Organisation einen schweren Schlag zu versetzen. Eddie leitete das Team souverän, seine Augen zeigten den unerschütterlichen Willen, alles zu riskieren.

Am Hauptquartier startete die Operation mit genauer Planung. Eddie schlich sich ungesehen an den Sicherheitssystemen vorbei, während Alex die Elektronik der Wachen störte und Emma Hindernisse beseitigte. Leo und Lisa führten entschlossen den Angriff, während Eddie und Tom im Inneren der Zentrale die Systeme abschalteten. Gemeinsam und fest entschlossen überwältigten sie die Wachen – bereit, die Mission zu bestehen.

Eddie und Tom gaben die letzten Befehle in das System ein, um maximalen Schaden anzurichten, während die anderen die Wachen abwehrten. Die Situation wurde ernst, als die Verstärkung der Organisation ankam. Das Team wusste, dass die Zeit sehr knapp war.

Sie kämpften sich geschickt durch das Labyrinth der Gänge. Jeder war aufmerksam und entschlossen auf seinem Posten. In einem letzten, koordinierten Schritt öffneten sie den Ausgang und entkamen knapp, während die Gegner das Gebäude durchsuchten.

Zurück in ihrem Versteck untersuchten sie die erbeuteten Dokumente. Wichtige Details über die nächsten Schritte der Organisation kamen ans Licht. Die angespannten Lage gab ihnen neue Kraft – sie fühlten sich gestärkt und motiviert.

„Wir haben bewiesen, dass wir Erfolge erzielen können", sagte Eddie mit fester Stimme. „Aber das war nur der Anfang. Die Organisation wird nicht stillstehen, und wir müssen bereit sein." Die anderen sahen sich mit Entschlossenheit an. Aufgeben kam nicht in Frage – ihr Ziel war klar, ihr Teamgeist unerschütterlich.

Die Freundschaft und der gemeinsame Wille gaben ihnen die Kraft, die kommenden Herausforderungen entschlossen anzunehmen – als starkes Team, das nicht aufzuhalten war.

Gerade als sie ihre nächsten Schritte planten, erhielten sie eine beunruhigende Nachricht: Die Organisation plante einen Angriff auf eine wichtige Regierungseinrichtung. Ziel war es, geheime Daten zu stehlen – das wollten sie auf jeden Fall verhindern.

„Dies ist unsere Chance, ihnen einen weiteren entscheidenden Schlag zu versetzen", erklärte Leo energisch. Eddie stimmte zu und übernahm die Planung. Die Zeit drängte, doch das Team arbeitete sehr präzise. Jeder erhielt eine Aufgabe und bereitete sich sorgfältig vor.

Am entscheidenden Tag war die Spannung spürbar, aber auch ihre Entschlossenheit. Gemeinsam machten sie sich auf den Weg zur Regierungseinrichtung, bereit, alles zu geben, um die Pläne der Organisation zu stören.

Mit genauem Timing bewegte sich das Team durch die äußeren Sicherungen. Die Wachen waren aufmerksam, aber Eddies leise Schritte und Alex' Manipulationen ließen keinen Alarm einschalten. Emma und Leo nutzten die Lücken, um ins Innere zu gelangen.

Dort wartete ein Netz aus digitaler und physischer Sicherheit, das Tom mit beeindruckender Schnelligkeit knackte. Die anderen bewegten sich unaufhörlich, bereit für jede Bedrohung. Es war ein Wettlauf gegen die Zeit – und sie wollten siegen.

Mit den gesicherten Daten zogen sie sich schnell zurück. Die Organisation hatte keine Chance zu reagieren. Zurück in ihrem Versteck tauschten sie erleichterte Blicke aus. Dieser Erfolg war mehr als ein Sieg – es zeigte, dass sie der Organisation einen Schritt voraus waren.

## **Kapitel 11:**
## Der große Kampf

"Zusammenhalt ist die stärkste Waffe in jedem Kampf."

Angetrieben von ihren jüngsten Siegen, fühlte sich das Team bereit, der Organisation den entscheidenden Schlag zu geben. Doch dies war keine normale Mission – es war der Höhepunkt all ihrer Anstrengungen, der Moment, der wirklich alles verändern sollte.

Die Vorbereitungen liefen diesmal anders. Es ging nicht nur um Planung und Training, sondern darum, für das Unerwartete bereit zu sein. Niemand übte alleine; jedes Manöver wurde gemeinsam abgestimmt und jeder Schritt so lange geprobt, bis er perfekt saß.

Kurz vor dem Einsatz versammelte Eddie das Team ein letztes Mal. Seine Augen strahlten vor Entschlossenheit, doch seine Stimme blieb ruhig.

„Morgen zählt alles, was wir bis jetzt gelernt haben. Dies ist unser Moment. Gemeinsam stoppen wir sie.“ Alle stimmten ihm mit Blicken zu. Sie zweifelten nicht mehr – sie waren bereit.

Am Tag der großen Mission lag eine spürbare Spannung in der Luft, als sie in den frühen Morgenstunden loszogen. Das Hauptquartier der Organisation ragte düster vor ihnen auf, ein Ort voller Geheimnisse und Gefahren. Mit schnellen und fast lautlosen Bewegungen führte Eddie die Gruppe, schlich geschickt durch die Sicherheitssysteme und ebnete den Weg für seine Freunde.

Kaum im Inneren, wurden sie von Gegnern regelrecht überrannt. Wachen kamen herbeigelaufen, fest entschlossen, das Hauptquartier zu verteidigen.

Doch Leo trat mutig vor, nutzte seine enorme Stärke im Kampf und Emma wirbelte einen nahen Tisch mit einem einzigen Gedanken durch die Luft.

Jeder von ihnen setzte all ihre Fähigkeiten ein – Stärke, Mut und den unerschütterlichen Glauben aneinander. Ihre Entschlossenheit überwog jede Gefahr, und Stück für Stück kämpften sie sich vorwärts mit einem klaren Ziel: der Sieg.

Mit einem letzten Sprint erreichte Tom den zentralen Kontrollraum. Seine Finger huschten über die Tasten der Kontrollpulte, während er die Systeme der Organisation systematisch lahmlegte.

Eddie hielt die Wachen fern und lenkte sie geschickt ab, damit Tom ungestört arbeiten konnte.

Rundherum tobte der Kampf. Leo durchbrach die Verteidigung mit roher Kraft, während Lisa blitzschnell die Gegner ausschaltete. Emma und Alex wehrten Angriffe geschickt ab und überwältigten den Feind – es war ein Spiel, das den Gegnern keine Chance ließ.

Auf einmal ertönte ein Alarm. „Ich hab's geschafft! Die Hauptsysteme sind deaktiviert!" rief Tom, doch das Hauptquartier begann sich selbst zu zerstören. „Wir müssen hier raus – jetzt!" rief Eddie, und die Gruppe stürmte durch die verrauchten Gänge, bereit zu fliehen.

Die Flure bebten heftig, während das Gebäude ins Chaos stürzte. Rauch füllte die Luft, und die Hitze erschwerte jeden Atemzug. Eddie führte seine Freunde sicher, schob Trümmer beiseite und ebnet eine Schneise durch die Gefahren. Die Explosionen rückten bedrohlich näher – jeder Schritt zählte.

Gerade noch entkamen sie ins Freie. Hinter ihnen verwandelte sich das Hauptquartier in einem explosiven Knall in ein Meer aus Flammen und Trümmern. Atemlos und erschöpft standen sie da, das Adrenalin noch spürbar, als die Realität ihres Sieges langsam einsickerte. Sie hatten es geschafft. Die Organisation war endgültig besiegt.

Zurück in ihrem Versteck blickte Eddie stolz in die Runde. „Das war großartig. Ohne euch wäre es unmöglich gewesen." Die anderen nickten zufrieden. Sie hatten bewiesen, was sie als Team erreichen konnten.

Während sie sich erholten, dachten sie über die Ereignisse nach. Jeder war gewachsen – stärker und mutiger als zuvor. Eddie, der einst zweifelte, war zum Anführer geworden. Seine Stärke lag nicht nur in seinen Fähigkeiten, sondern auch in der Unterstützung des Teams.

## Kapitel 12:
Die Entscheidung

“Jede große
Veränderung beginnt
mit einer einzigen
Entscheidung.”

Nach ihrem Sieg über die Organisation fühlte das Team nur kurz Erleichterung, bis eine überraschende Nachricht kam. Ein geheimes Regierungsprogramm hatte von ihren Heldentaten gehört und lud sie zu einem besonderen Training ein. Die Einladung gab ihnen die Möglichkeit, ihre Fähigkeiten zu verbessern und sich mit anderen talentierten Jugendlichen auszutauschen. Begeistert und neugierig nahmen sie an.

Das Training war härter als alles, was sie je erlebt hatten. Intensive Übungen und unerwartete Prüfungen forderten sie sehr. Sie trafen auf Jugendliche mit außergewöhnlichen Kräften – schwebende Objekte, blitzende Blitze, Feuer aus der Luft. Der Austausch mit diesen neuen Freunden inspirierte sie sehr. Sie fühlten sich motiviert.

Eddie sah, wie das Team mit jeder Aufgabe stärker zusammenwuchs. Mit neuen Techniken und mehr Vertrauen blickten sie mutig in die Zukunft. Sie waren bereit für neue Herausforderungen. Erfahrene Mentoren unterstützten sie, ihre Fähigkeiten stark zu verbessern. Eddie lernte, seine Energie sehr präzise zu nutzen. Alex konnte elektromagnetische Felder kontrollieren, als hätte er es schon immer getan. Emma überraschte alle mit ihren verbesserten telekinetischen Kräften. Leo und Lisa wurden mit ihren Kampftechniken zu einem unschlagbaren Paar.

Das Training brachte nicht nur körperliche Fortschritte. Es schweißte sie sehr eng zusammen. Sie hatten jetzt großes Vertrauen zueinander und fanden neue Wege, ihre Kräfte zu kombinieren.

Kein Plan schien schwer, wenn sie zusammenarbeiteten. Jede Aufgabe wurde zu einer gemeinsamen Erfahrung, die sie stärkte. Nach Wochen harter Arbeit kehrten sie mit neuem Selbstbewusstsein zurück.

Zurück in ihrem Versteck fanden sie ein geheimnisvolles Gerät von ihrer letzten Mission. Es enthielt Informationen über Verbrecher, die gestohlene Technik nutzten, um die Stadt zu bedrohen. Eddie runzelte die Stirn, als er die Daten sah. „Wir müssen das stoppen, bevor es aus dem Ruder läuft."

Entschlossen bereiteten sie ihre Ausrüstung vor und überprüften alle wichtigen Details. „Wir haben es schon einmal geschafft, und wir schaffen es wieder", sagte Eddie fest.

Am nächsten Morgen handelten sie präzise. Mit ihren verbesserten Kräften und perfektem Teamwork besiegten sie die Verbrecher und sicherten die gestohlene Technik. Ein weiterer Erfolg machte die Stadt sicherer.

Nach dieser Mission saßen sie in ihrem Versteck zusammen. Die Erschöpfung wich einem tiefen Gefühl der Zufriedenheit. Jeder hatte in den letzten Monaten mehr erlebt und gelernt, als je gedacht. Eddie schaute in die Runde, seine Stimme war ruhig, aber überzeugt. „Wir sind mehr als nur ein Team. Wir bewirken etwas."

Leo nickte und fügte hinzu: „Das ist nur der Anfang. Es gibt noch viel zu tun." Sie wussten, dass die Welt voller Herausforderungen war, doch ihre gemeinsame Reise hatte sie stark gemacht. Eine Einheit, die niemand trennen konnte. Sie waren jetzt Helden. Helden, die bewiesen hatten, dass der Wille, das Richtige zu tun, alles ändern konnte.

# Abschluss

## Ein neuer Anfang

“Jeder Anfang ist eine Chance, etwas Großes zu schaffen.”

Eddie und seine Freunde sahen zurück auf ihre Erlebnisse und Erfolge. Sie merkten, dass ihre Aufgabe größer war, als gedacht. Lisa sagte: „Wir sollten nicht nur kämpfen, sondern auch helfen.“ Das wurde schnell ihr neues Ziel.

Sie planten ein weltweites Netzwerk für Jugendliche mit besonderen Fähigkeiten. Ein Ort, um Unterstützung zu finden und Teil einer Gemeinschaft zu sein. Ein Ort für das Gute in der Welt. Mit viel Entschlossenheit setzten sie ihren Plan um.

In wenigen Monaten formte sich das Netzwerk. Eddie und sein Team reisten von Stadt zu Stadt. Sie trafen talentierte Jugendliche und erzählten ihre Erfahrungen. Dabei entstanden Verbindungen, die sehr stark waren. Ihre Gemeinschaft wuchs mit jedem Schritt. Sie glaubten daran, gemeinsam Großes zu schaffen.

Eines Abends saßen sie auf dem Dach ihres Verstecks. Ringsum war Stille und der Himmel voller Sterne. Eddie spürte seine Freunde neben sich. Leise sagte er: „Manchmal vergesse ich, wie weit wir gekommen sind.“ Die anderen lächelten und verstanden genau, was er meinte.

Leo legte eine Hand auf Eddies Schulter. „Was wir geschafft haben, ist besonders – es zählt wirklich.“ Eddies Kopf nickte zustimmend. Sie genossen den Moment und fühlten sich sehr stark verbunden. Unter dem Himmel waren sie sich näher als je zuvor.

Eddies Geschichte zeigt, dass Mut und Freundschaft alles überwinden. Sie stellten sich Ängsten und meisterten Herausforderungen. Nicht nur die Welt, auch sie selbst haben sich verändert. Eine Mission wurde zu einer Reise, die sie tief geprägt hat.

Aus ihnen wurde eine Einheit, stärker als jede Gefahr. Mehr als Freunde – eine Familie. Ihre Freundschaft war ein Symbol der Hoffnung.

Das war nur der Anfang. Ihre Abenteuer werden weitergehen. Zusammenhalt, Vertrauen und der Glaube an eine bessere Welt treiben sie an. Mut kann die Welt verändern.

**Ende**

Printed in Poland
by Amazon Fulfillment
Poland Sp. z o.o., Wrocław

48283357R00087